școală

училище

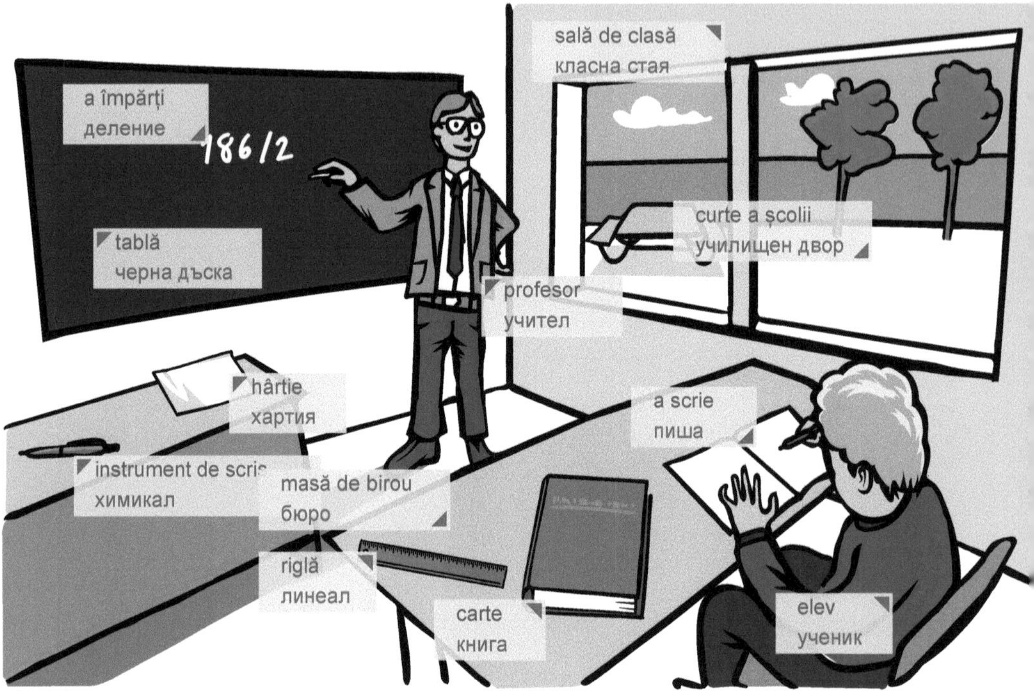

a împărți
деление
186/2
sală de clasă
класна стая
curte a școlii
училищен двор
tablă
черна дъска
profesor
учител
hârtie
хартия
a scrie
пиша
instrument de scri
химикал
masă de birou
бюро
riglă
линеал
carte
книга
elev
ученик

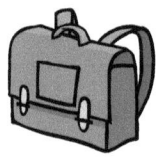

ghiozdan

ученическа раница

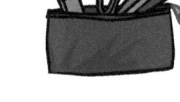

penar

ученически несесер

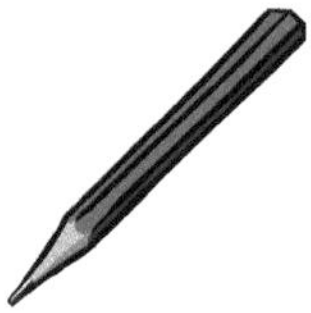

creion

молив

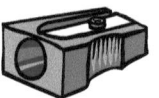

ascuțitoare

острилка за моливи

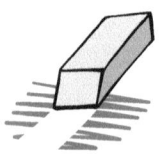

radieră

гума

bloc de desen

блок за рисуване

desen

рисунка

pensulă

четка

cutie de acuarele

акварелни бои

foarfece

ножица

lipici

лепило

caiet de exerciții

тетрадка за упражнения

temă

домашна работа

număr

число

2+2

a aduna

събиране

5-2

a scădea

изваждане

2×2

a multiplica

умножение

a calcula

смятане

A

literă

буква

ABCDEFG
HIJKLMN
OPQRSTU
VWXYZ

alfabet

азбука

cuvânt

дума

text

текст

a citi

чета

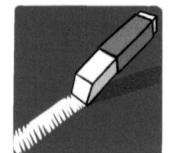

cretă

тебешир

oră

час

catalog

дневник на класа

examen

изпит

certificat

свидетелство

uniformă şcolară

ученическа униформа

educaţie

образование

enciclopedie

справочник

universitate

университет

microscop

микроскоп

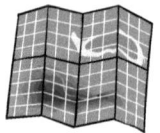

hartă

карта

coş de gunoi

кошче за хартиени отпадъци

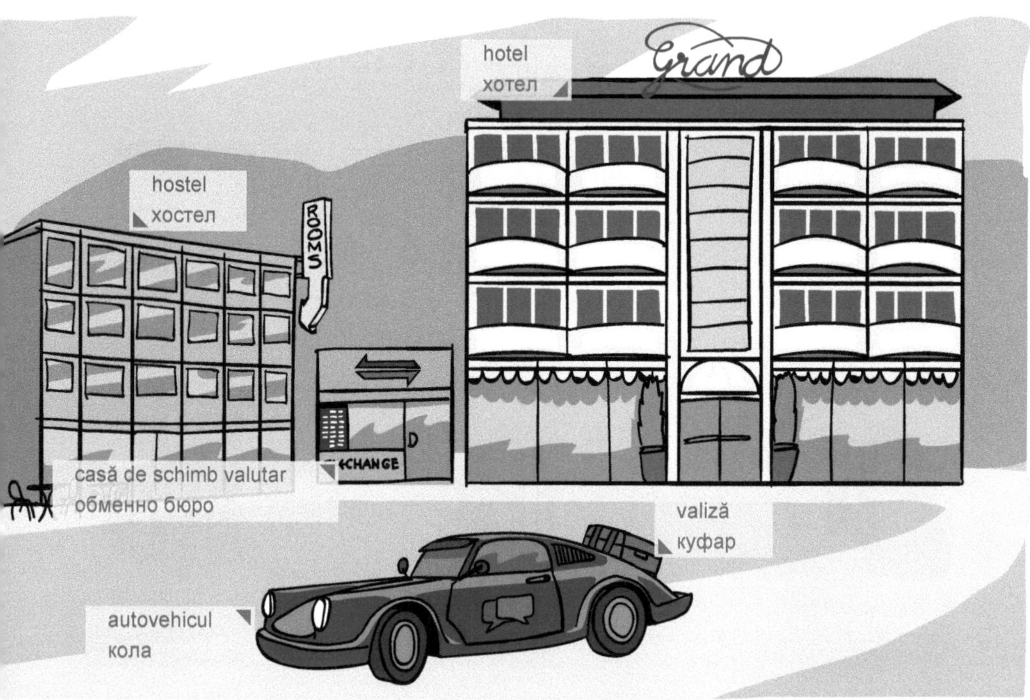

hotel
хотел
Grand
hostel
хостел
ROOMS
casă de schimb valutar
обменно бюро
EXCHANGE
valiză
куфар
autovehicul
кола

limbă

език

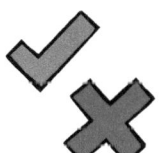

da/nu

да / не

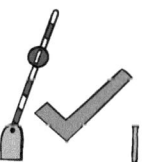

okay

Окей

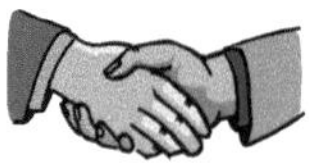

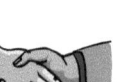

Bună!

здравей

interpret

преводач

mulțumesc

Благодаря

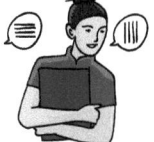

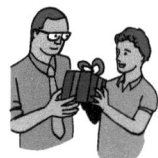

Cât costă...?

Колко струва...?

Nu înțeleg

Не разбирам

problemă

проблем

Bună seara!

Добър вечер!

Bună dimineața!

Добро утро!

Noapte bună!

Лека нощ!

la revedere

довиждане

direcție

посока

bagaj

багаж

geantă

пътна чанта

rucsac

раница

oaspete

посетител

cameră

стая

sac de dormit

спален чувал

cort

палатка

călătorie - пътуване

punct de informare turistică

туристическа информация

plajă

плаж

carte de credit

кредитна карта

mic dejun

закуска

masa de prânz

обед

cină

вечеря

bilet de călătorie

билет

lift

асансьор

timbru poștal

пощенска марка

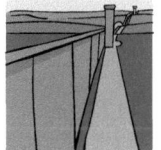

graniță

граница

vamă

митница

ambasadă

посолство

viză

виза

pașaport

паспорт

transport
транспорт

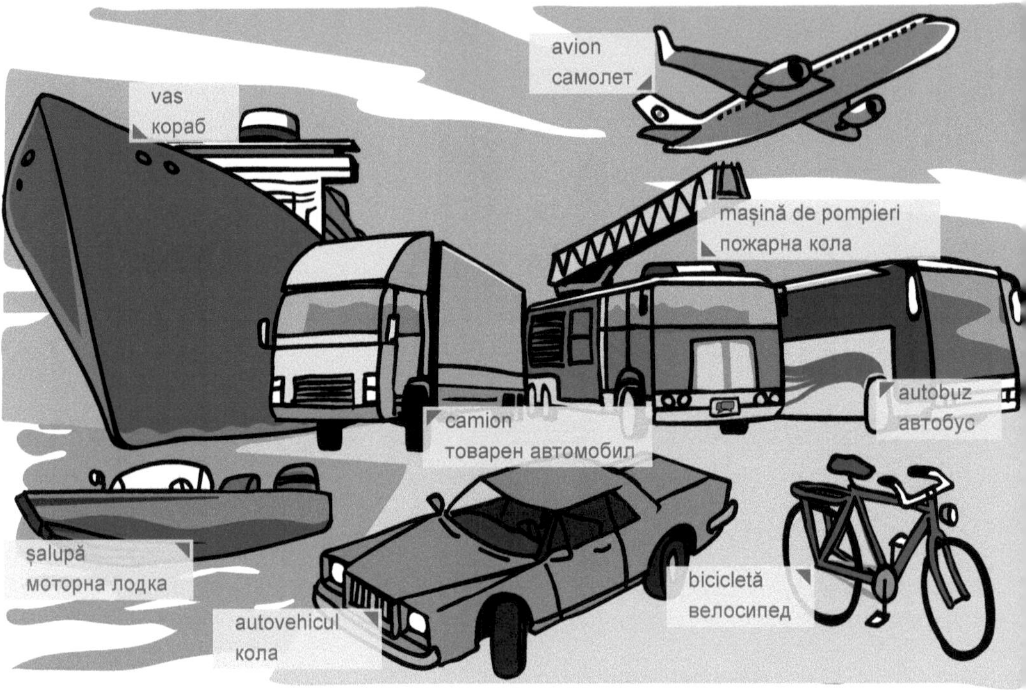

avion
самолет
vas
кораб
mașină de pompieri
пожарна кола
autobuz
автобус
camion
товарен автомобил
șalupă
моторна лодка
bicicletă
велосипед
autovehicul
кола

feribot

фериботм

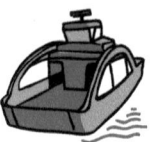

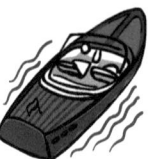

barcă

лодка

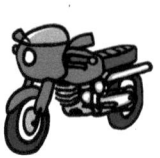

motocicletă

мотоциклет

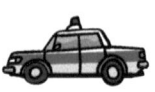

mașină de poliție

полицейска кола

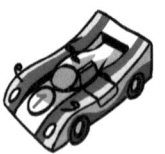

mașină de curse

състезателна кола

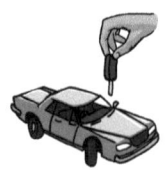

mașină închiriată

кола под наем

car sharing

каршеринг

mașină de tractat

автомобил от "Пътна помощ"

mașină de gunoi

сметовоз

motor

двигател

combustibil

бензин

benzinărie

бензиностанция

semn de circulație

пътен знак

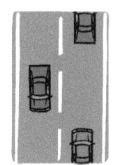

trafic

улично движение

ambuteiaj

задръстване

parcare

паркинг

gară

гара

șine

релси

tren

влак

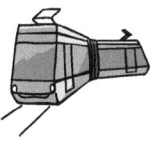

tramvai

трамвай

vagon

вагон

elicopter

хеликоптер

aeroport

аерогара

turn

кула

pasager

пасажер

container

контейнер

carton

кашон

căruță

ръчна количка

coș

кошница

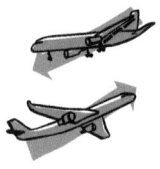

a decola/a ateriza

излитам / приземявам се

oraș

град

sat

село

centru

градски център

casă

къща

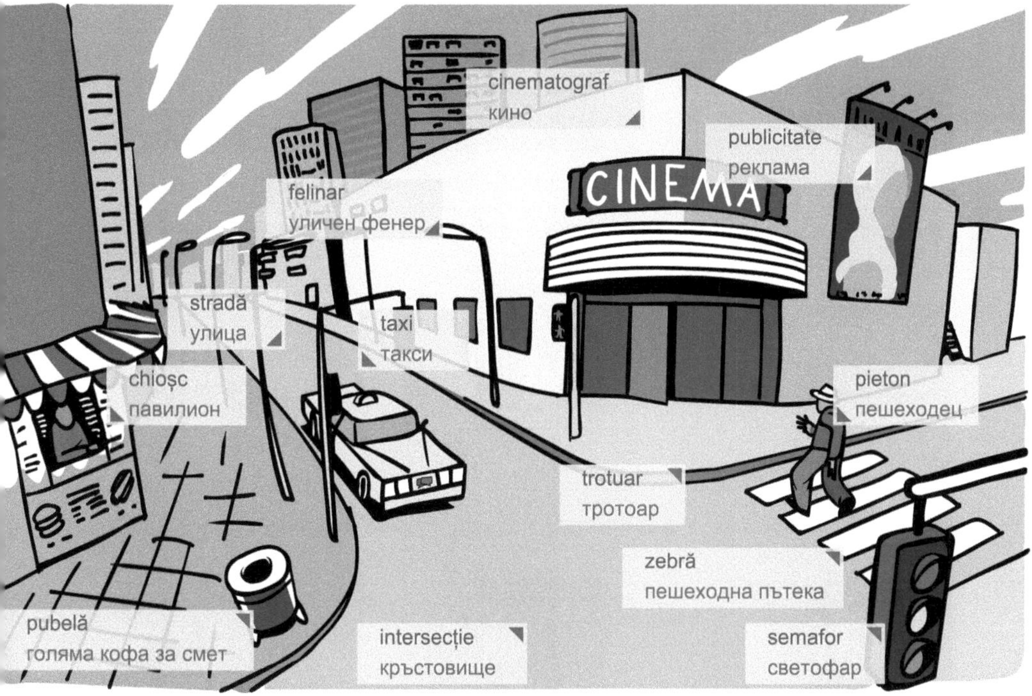

cinematograf
кино

publicitate
реклама

felinar
уличен фенер

strada
улица

taxi
такси

chiosc
павилион

pieton
пешеходец

trotuar
тротоар

zebră
пешеходна пътека

pubelă
голяма кофа за смет

intersecţie
кръстовище

semafor
светофар

CINEMA

cabană

хижа

apartament

жилище

gară

гара

primărie

кметство

muzeu

музей

şcoală

училище

universitate

университет

bancă

банка

spital

болница

hotel

хотел

farmacie

аптека

birou

офис

librărie

книжарница

magazin

магазин за цветя

florărie

магазин за цветя

supermarket

супермаркет

piață

пазар

magazin universal

универсален магазин

comerciant de pește

търговец на риба

centru comercial

търговски център

port

пристанище

parc

парк

bancă

пейка

pod

мост

trepte

стълба

metrou

метро

tunel

тунел

stație de autobuz

автобусна спирка

bar

бар

restaurant

ресторант

cutie poștală

пощенска кутия

tăbliță indicatoare cu
numele străzii

улична табелка

parcometru

часовник за паркинг
престой

grădină zoologică

зоологическа градина

piscină

плувен басейн

moschee

джамия

gospodărie țărănească

селски двор

poluare

замърсяване на околната среда

cimitir

гробище

biserică

църква

loc de joacă

детска площадка

templu

храм

peisaj

пейзаж

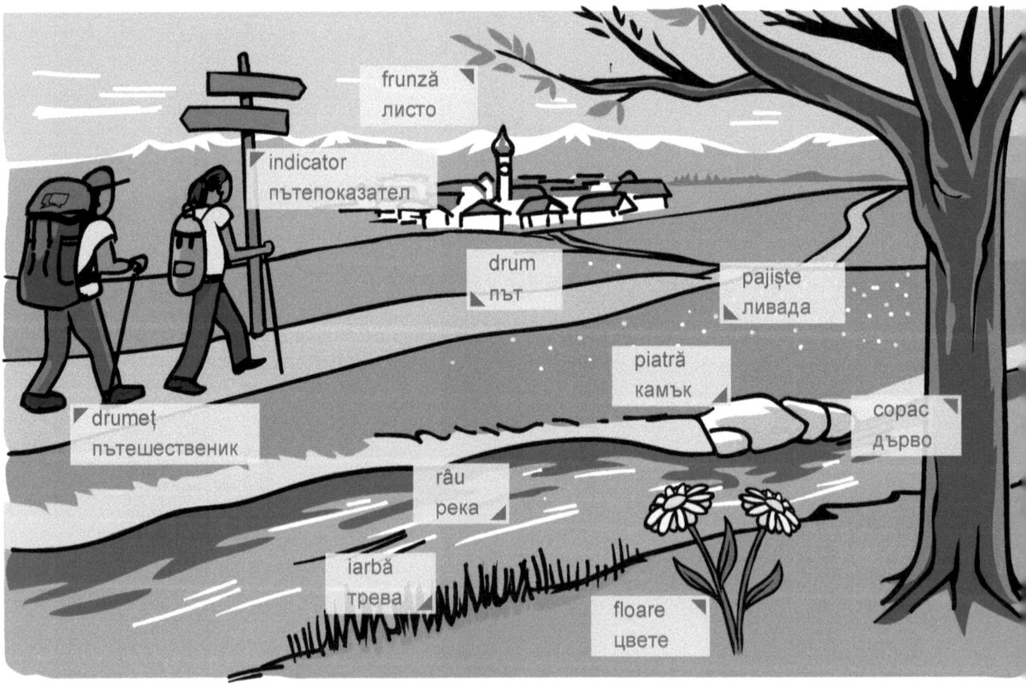

frunză
листо

indicator
пътепоказател

drum
път

pajişte
ливада

piatră
камък

copac
дърво

drumeţ
пътешественик

râu
река

iarbă
трева

floare
цвете

vale

долина

deal

планина

lac

море

pădure

гора

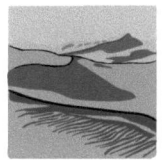

deșert

пустиня

vulcan

вулкан

castel

замък

curcubeu

дъга

ciupercă

гъба

palmier

палма

țânțar

комар

muscă

муха

furnică

мравка

albină

пчела

păianjen

паяк

gândac

бръмбар

broască

жаба

veveriță

катеричка

arici

таралеж

iepure

заек

bufniță

кукумявка

pasăre

птица

lebădă

лебед

porc mistreț

диво прасе

cerb

елен

elan

лос

dig

бент

turbină eoliană

вятърна турбина

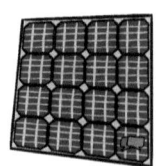

panou solar

соларен модул

climă

климат

peisaj - пейзаж

restaurant
ресторант

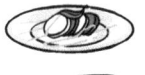

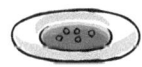

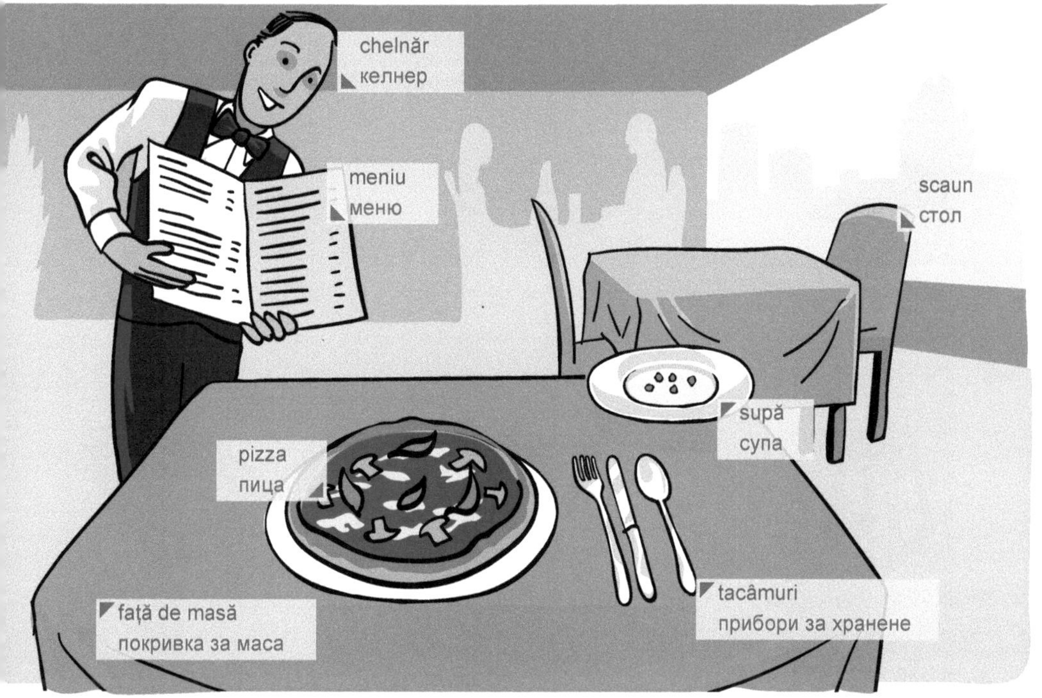

chelnăr
келнер
meniu
меню
scaun
стол
supă
супа
pizza
пица
tacâmuri
прибори за хранене
față de masă
покривка за маса

antreu

предястие

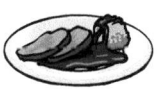

fel principal

основно ястие

desert

десерт

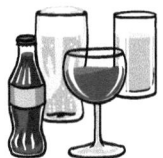

băuturi

напитки

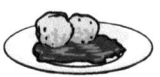

mâncare

ядене

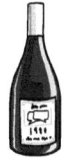

sticlă

бутилка

fastfood

бързо хранене

streetfood

улична храна

ceainic

кана за чай

zaharniță

кутия за захар

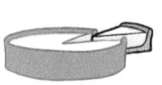

porție

порция

espressor

еспресо машина

scaun înalt (pentru copii)

висок детски стол

factură

сметка

tavă

табла

cuțit

ножица за нокти

furculiță

вилица

lingură

лъжица

linguriță

чаена лъжичка

șervețel

салфетка

pahar

стъклена чаша

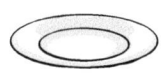

farfurie

чиния

farfurie de supă

чиния за супа

farfurie

чинийка

sos

сос

solniță

солница

râșniță de piper

мелничка за черен пипер

oțet

оцет

ulei

олио

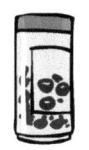

condimente

подправки

ketchup

кетчуп

muștar

горчица

maioneză

майонеза

supermarket

супермаркет

ofertă
оферта
FOR
client
клиент
produse lactate
млечни продукти
fructe
плодове
cărucior de cumpărături
количка за покупки

BUTCHERS

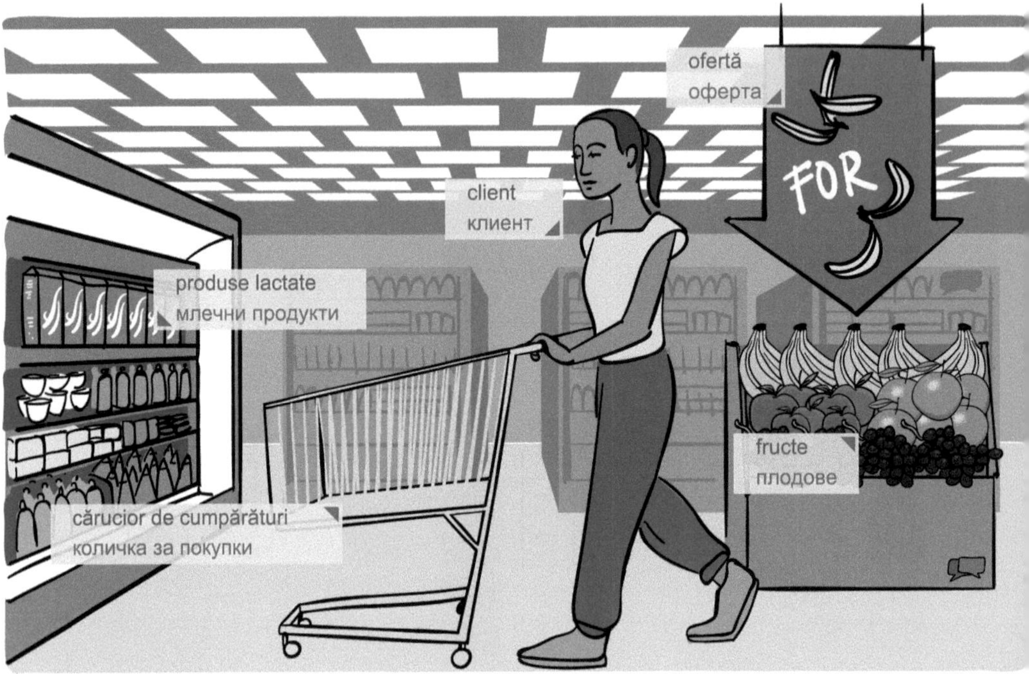

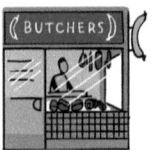

măcelărie

кланица

BAKERY

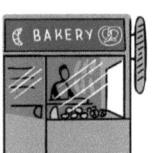

brutărie

хлебарница

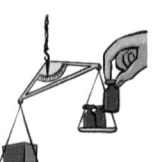

a cântări

тегля

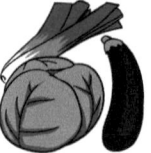

legume

зеленчуци

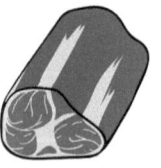

carne

месо

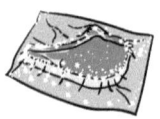

alimente refrigerate

дълбоко замразена храна

mezeluri și brânzeturi feliate

нарязан колбас или
сирене

conserve

консерви

detergent

перилен препарат

dulciuri

лакомства

articole de menaj

домакински изделия

produse de curăţenie

почистващи препарати

vânzătoare

продавачка

casă

каса

casier

касиер

listă de cumpărături

списък на покупките

orar

работно време

portmoneu

портфейл

carte de credit

кредитна карта

geantă

чанта

pungă de plastic

пластмасова торба

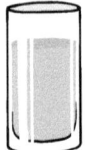

apă
вода

suc
сок

lapte
мляко

cola
кола

vin
вино

bere
бира

alcool
алкохол

cacao
какао

ceai
чай

cafea
кафе машина

espresso
еспресо

cappucino
капучино

banane

банан

măr

ябълка

portocală

портокал

pepene

пъпеш

lămâie

лимон

morcov

морков

usturoi

чесън

bambus

бамбук

ceapă

лук

ciupercă

гъба

nuci

ядки

paste făinoase

макарони

spagheti
....
спагети

orez
....
ориз

salată
....
салата

cartofi prăjiți
....
пържени картофи

cartofi țărănești
....
печени картофи

pizza
....
пица

hamburger
....
хамбургер

sandwich
....
сандвич

șnițel
....
шницел

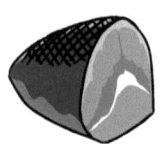

șuncă
....
шунка

salam
....
траен колбас

cârnați
....
салам

pui
....
пиле

friptură
....
печено

pește
....
риба

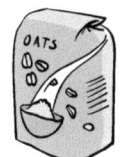

fulgi de ovăz

овесени ядки

musli

мюсли

cereale

корнфлейкс

făină

брашно

corn

кроасан

chifle

хлебчета

pâine

хляб

pâine prăjită

препечена филийка

biscuiți

бисквити

unt

масло

brânză de vaci

извара

prăjitură

сладкиш

ou

яйце

ouă ochiuri

яйца на очи

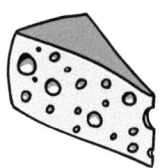

brânză

сирене

îngheţată

сладолед

zahăr

захар

miere

мед

marmeladă

мармалад

cremă nuga

нуга крем

curry

къри

gospodărie țărănească

селски двор

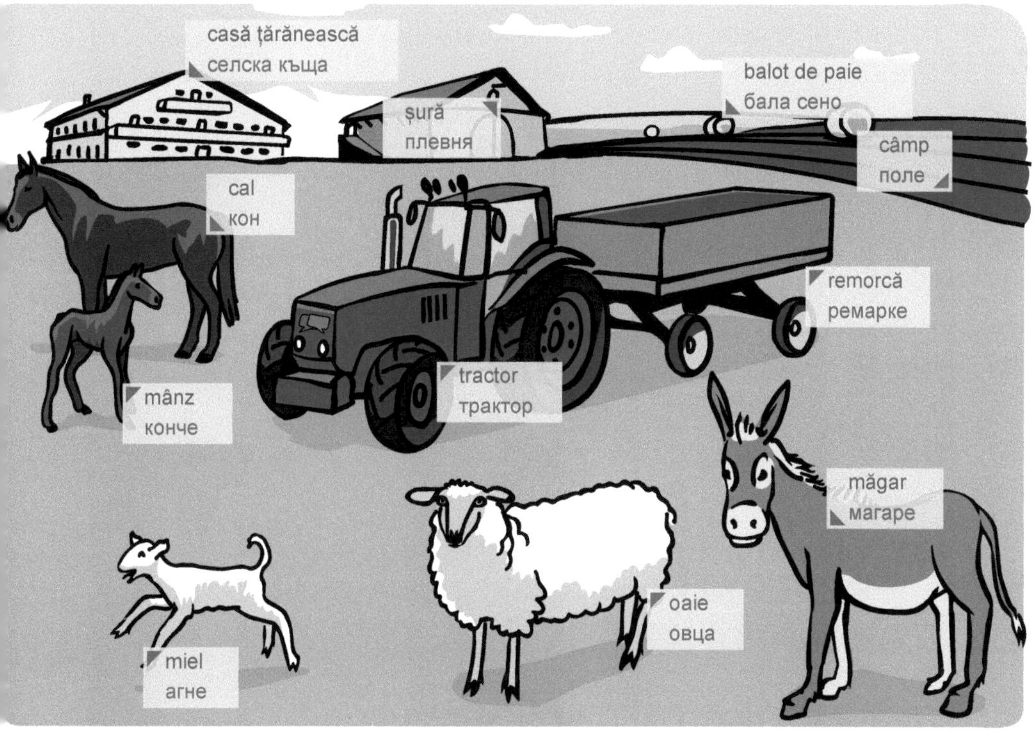

casă țărănească
селска къща
șură
плевня
balot de paie
бала сено
câmp
поле
cal
кон
remorcă
ремарке
tractor
трактор
mânz
конче
măgar
магаре
oaie
овца
miel
агне

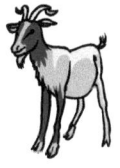

capră
коза

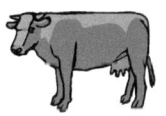

vacă
крава

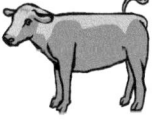

vițel
теле

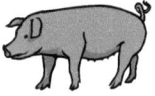

porc
свиня

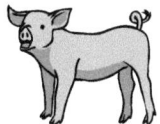

purcel
прасенце

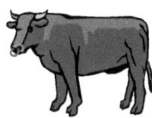

taur
бик

găină

гъска

rață

патица

pui

пиленце

găină

кокошка

cocoș

петел

șobolan

плъх

pisică

котка

șoarece

мишка

bou

вол

câine

куче

cușcă

кучешка колиба

furtun de grădină

градински маркуч

stropitoare

лейка

coasă

коса

plug

плуг

seceră

сърп

sapă

мотика

furcă

вила за тор

secure

брадва

roabă

ръчна количка

troacă

корито

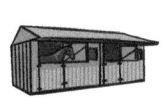

cană pentru lapte

съд за мляко

sac

чувал

gard

ограда

grajd

обор

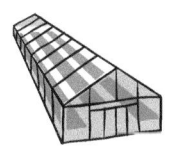

seră

парник

sol

земя

sămânţă

сеитба

fertilizator

тор

combină de treierat

комбайн

a culege

жъна

recoltă

реколта

cartof yam

ямс

grâu

жито

soia

соя

cartof

картоф

porumb

царевица

rapiţă

рапица

pom fructifer

овощно дърво

manioc

маниока

cereale

зърнени храни

horn
комин

acoperiș
покрив

scoc
улук

geam
прозорец

garaj
гараж

sonerie
звънец

ușă
врата

coș de gunoi
кофа за боклук

cutie poștală
пощенска кутия

grădină
градина

camVilleră de zi

cam: cameră de zi

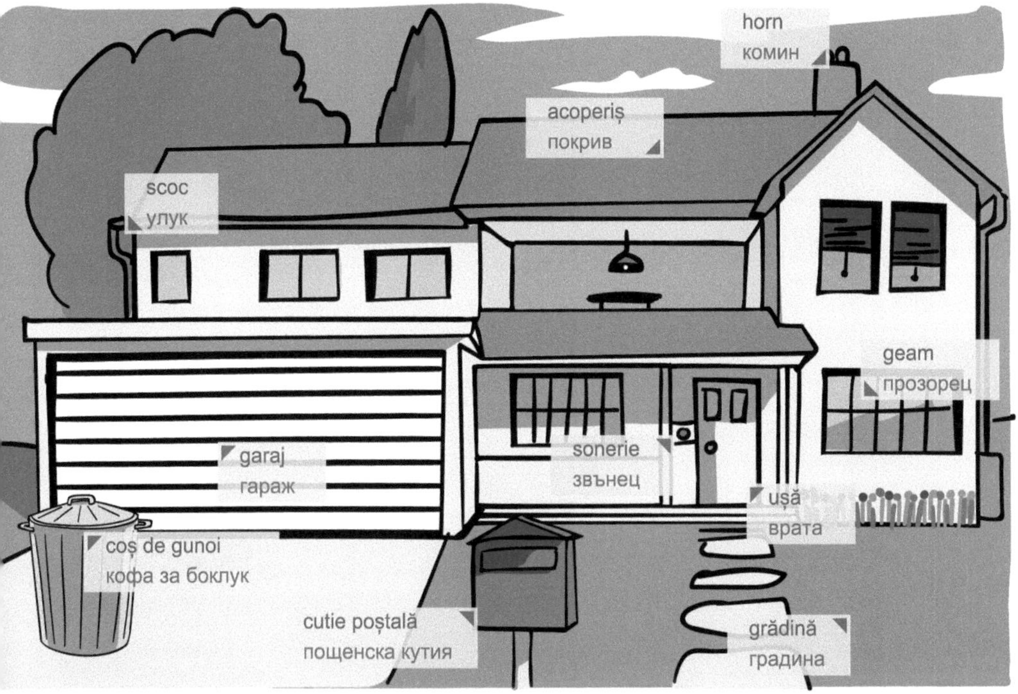

всекидневна

baie

баня

bucătărie

кухня

dormitor

спалня

camera copiilor

детска стая

sufragerie

трапезария

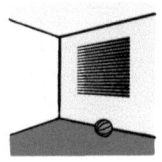

podea

под

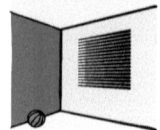

perete

стена

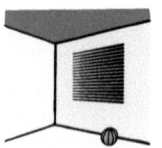

tavan

таван

pivniță

изба

saună

сауна

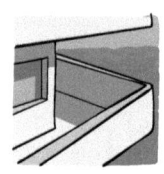

balcon

балкон

terasă

тераса

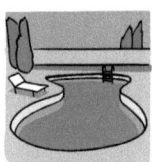

piscină

плувен басейн

mașină de tuns iarba

косачка

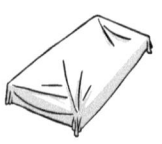

cearșaf

спално бельо

cuvertură

покривка за легло

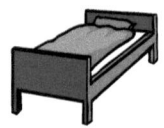

pat

легло

mătură

метла

găleată

кофа

întrerupător

електрически ключ

camеră de zi

всекидневна

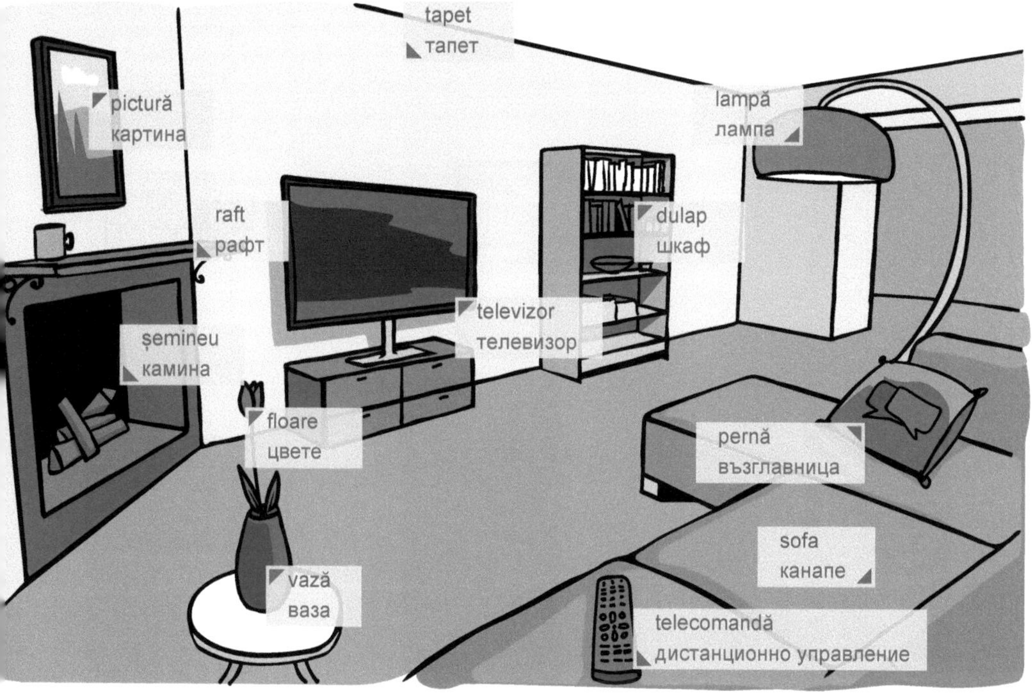

tapet
тапет
pictură
картина
lampă
лампа
raft
рафт
dulap
шкаф
televizor
телевизор
șemineu
камина
floare
цвете
pernă
възглавница
sofa
канапе
vază
ваза
telecomandă
дистанционно управление

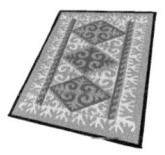

covor
килим

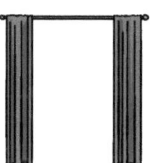

perdea
завеса

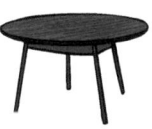

masă
маса

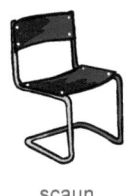

scaun
стол

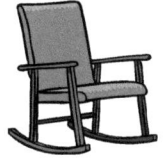

balansoar
люлеещ се стол

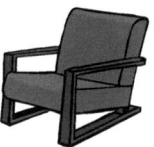

fotoliu
кресло

carte

книга

pătură

одеяло

decoraţiune

декорация

lemn de foc

дърва за отопление

film

филм

instalaţie stereo

стерео уредба

cheie

ключ

ziar

вестник

desen

живопис

poster

постер

radio

радио

caiet de notiţe

бележник

aspirator

прахосмукачка

cactus

кактус

lumânare

свещ

bucătărie
кухня

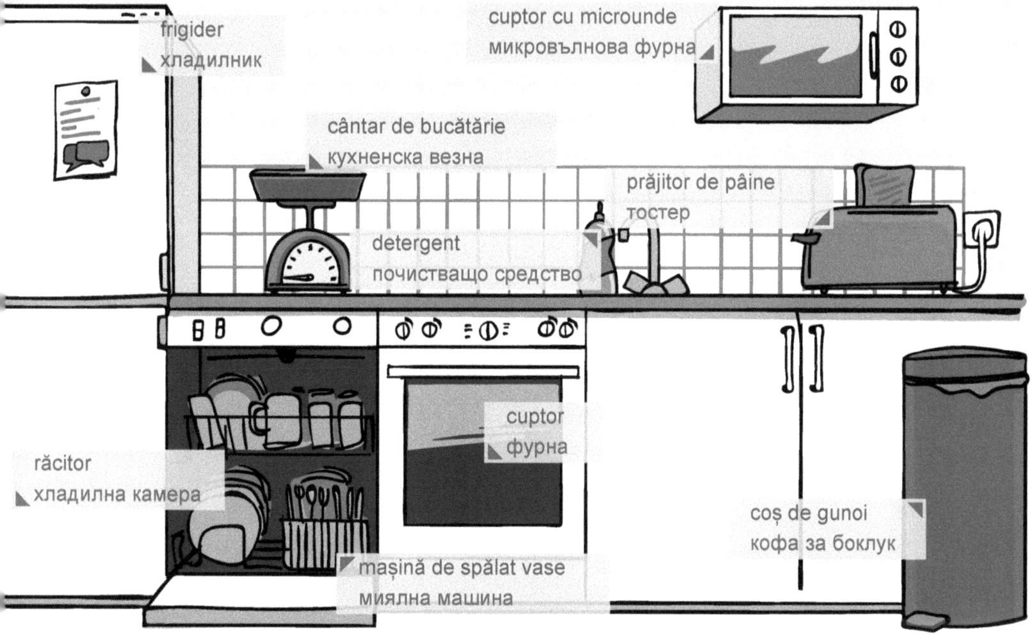

frigider
хладилник
cuptor cu microunde
микровълнова фурна
cântar de bucătărie
кухненска везна
prăjitor de pâine
тостер
detergent
почистващо средство
cuptor
фурна
răcitor
хладилна камера
coș de gunoi
кофа за боклук
mașină de spălat vase
миялна машина

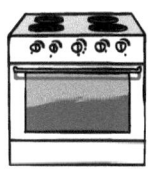

cuptor

готварска печка

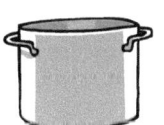

oală

тенджера

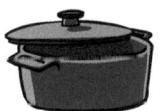

oală de metal

желязна тенджера

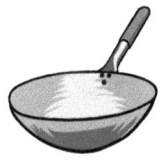

wok/kadai

уок / кадаи

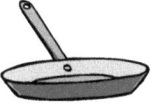

tigaie

тиган

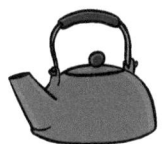

ceainic

кана за затопляне на вода

oală de gătit cu aburi

уред за готвене на пара

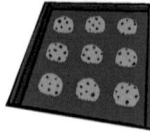

tavă de copt

тава за печене

veselă

съдове

pahar

чаша

bol

купа

bețișoare

клечки за хранене

polonic

черпак

spatulă

лопатка за тиган

tel

тел за разбиване (на яйца, белтъци)

sită

кошница за варене

sită

гевгир

răzătoare

ренде

mojar

хаван

grătar

барбекю

loc pentru grătar

огнище

tocător

дъска

sucitor

точилка

tirbușon

тирбушон

conservă

кутия

deschizător de conserve

отварачка за консерви

șervete termice

кухненска ръкохватка

chiuvetă

мивка

perie

четка

burete

гъба

mixer

миксер

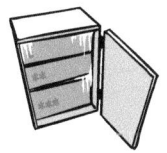

ladă frigorifică

фризер

biberon

бебешко шише

robinet

воден кран

baie

баня

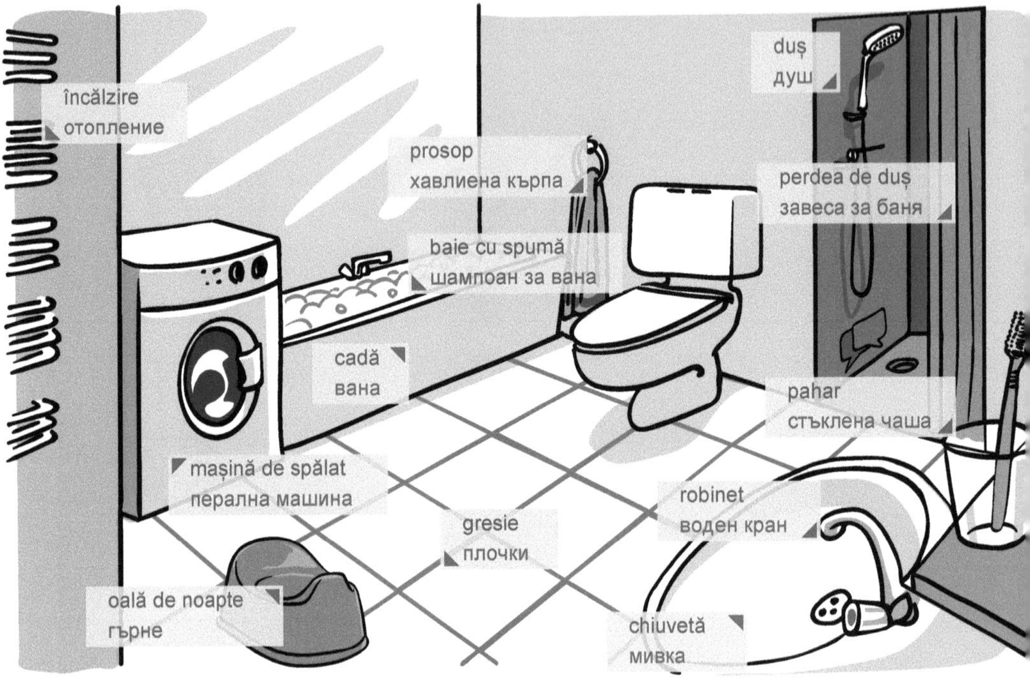

încălzire
отопление
prosop
хавлиена кърпа
duș
душ
perdea de duș
завеса за баня
baie cu spumă
шампоан за вана
cadă
вана
pahar
стъклена чаша
mașină de spălat
перална машина
robinet
воден кран
gresie
плочки
oală de noapte
гърне
chiuvetă
мивка

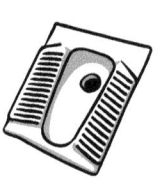

toaletă

тоалетна

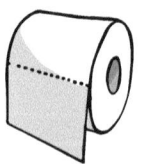

toaletă turcească

клекало

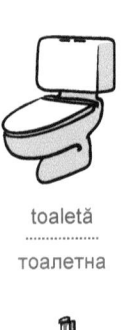

bideu

биде

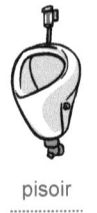

pisoir

писоар

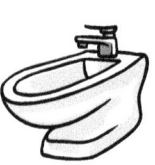

hârtie igienică

тоалетна хартия

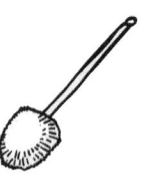

perie de toaletă

четка за тоалетна

periuță de dinți

четка за зъби

pastă de dinți

паста за зъби

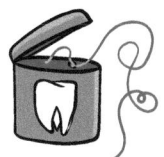

ață dentară

конец за зъби

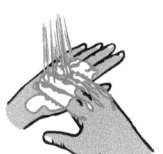

a spăla

мия

cap de duș

ръчен душ

duș intim

интимен душ

lavoar

леген

perie pentru spate

четка за гръб

săpun

сапун

gel de duș

душ гел

șampon

шампоан за вана

cârpă de spălat

гъба за баня

scurgere

сифон

cremă

крем

deodorant

дезодорант

oglindă

огледало

oglindă cosmetică

козметично огледало

aparat de ras

ръчна самобръсначка

spumă de ras

пяна за бръснене

aftershave

одеколон за след
бръснене

pieptene

гребен

perie

четка

uscător de păr

сешоар

fixator

спрей за коса

machiaj

грим

ruj

червило

lac de unghii

лак за нокти

vată

памук

foarfece de unghii

ножица за нокти

parfum

парфюм

neseser

толетна чантичка

taburet

табуретка

cântar

везна

halat de baie

хавлия

mănuși de cauciuc

домакински ръкавици

tampon

тампон

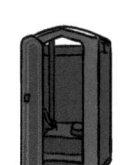

tampon

дамски превръзки

toaletă chimică

химическа тоалетна

camera copiilor

детска стая

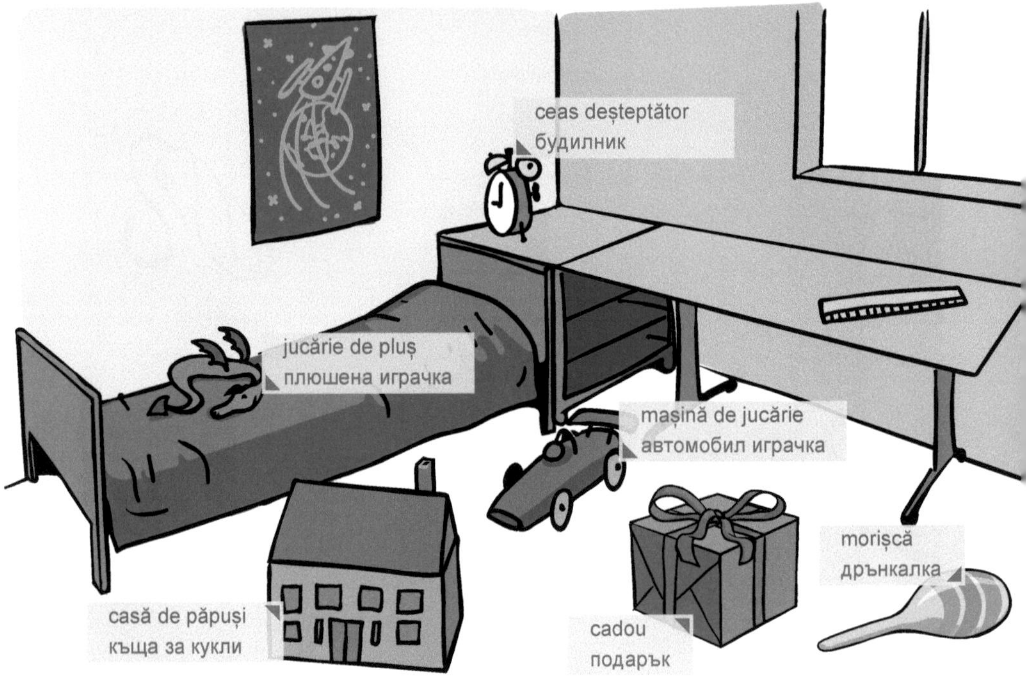
ceas deșteptător
будилник
jucărie de pluș
плюшена играчка
mașină de jucărie
автомобил играчка
morișcă
дрънкалка
casă de păpuși
къща за кукли
cadou
подарък

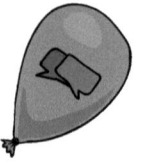

balon

балон

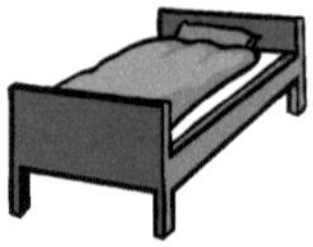

pat

легло

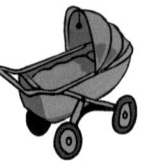

cărucior de copii

детска количка

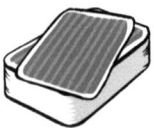

joc de cărți

игра на карти

puzzle

пъзел

SUPER
MEGA

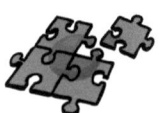

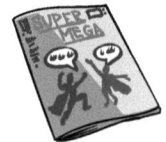

revistă de benzi desenate

комикс

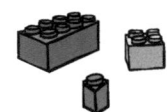

cuburi lego

лего елементи

piese pentru construcţii

строителни елементи

personaj din filmele de acţiune

екшън фигурка

body

бебешки гащеризон

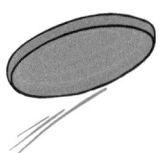

frisbee

фрисби

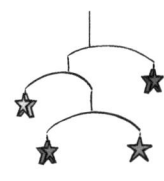

mobil

бебешки играчки за легло

joc de societate

настолна игра

zar

зарче

set trenuleţ de jucărie

миниатюрно влакче

suzetă

биберон

petrecere

парти

carte cu poze

детска книга с илюстрации

minge

топка

păpuşă

кукла

a se juca

играя

groapă de nisip

пясъчник

leagăn

люлка

jucării

играчка

consolă video

игрова конзола

triciletă

велосипед с три колелета

ursuleţ

плюшено мече

dulap

гардероб

îmbrăcăminte

облекло

şosete

къси чорапи

ciorapi

дълги чорапи

dres

чорапогащник

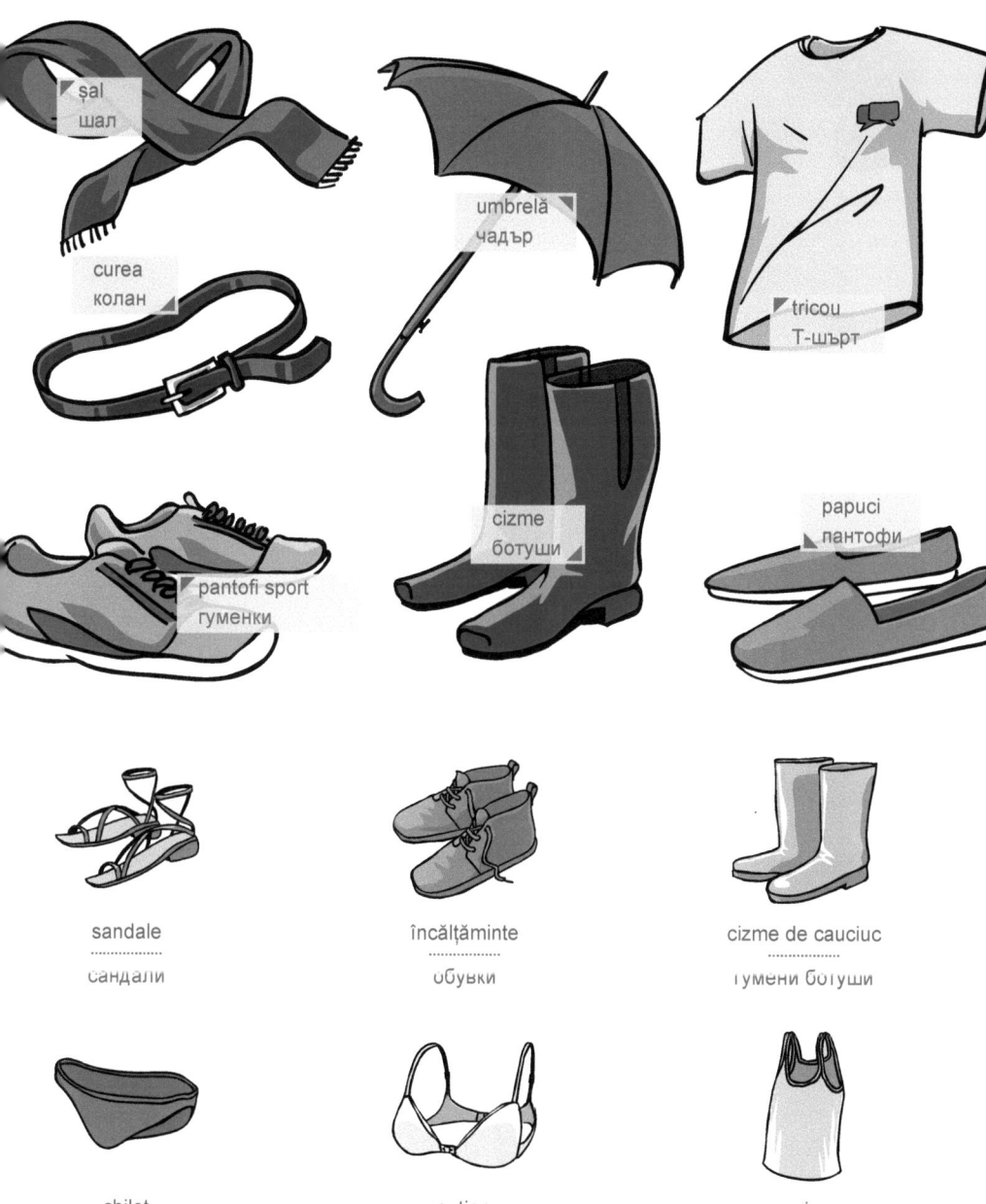

şal
шал

umbrelă
чадър

tricou
Т-шърт

curea
колан

cizme
ботуши

papuci
пантофи

pantofi sport
гуменки

sandale
сандали

încălţăminte
обувки

cizme de cauciuc
гумени ботуши

chilot
слип

sutien
сутиен

maiou
долна блуза

îmbrăcăminte - облекло

body

боди

pantaloni

панталон

blugi

дънки

fustă

пола

bluză

блуза

cămașă

риза

pulover

пуловер

jerseu

суичър

sacou

блейзър

jachetă

яке

palton

палто

pelerină de ploaie

дъждобран

costum

костюм

rochie

рокля

rochie de mireasă

булчинска рокля

costum

костюм

cămașă de noapte

нощница

pijama

пижама

sari

сари

batic

кърпа за глава

turban

тюрбан

burka

бурка

caftan

кафтан

abaya

абая

costum de baie

бански костюм

șort

плувни шорти

pantaloni scurți

къс панталон

trening

анцуг

șorț

престилка

mănuși

ръкавици

nasture

копче

ochelari

очила

brăţară

гривна

lanţ

верижка

inel

пръстен

cercel

обеца

căciulă

каскет

umeraș

закачалка

pălărie

шапка

cravată

вратовръзка

fermoar

цип

cască

каска

bretele

тиранти

uniformă școlară

ученическа униформа

uniformă

униформа

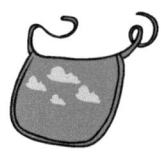

bavețică
....
лигавник

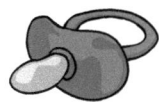

suzetă
....
биберон

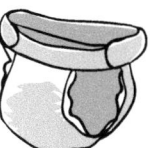

scutec
....
пелена

birou
офис

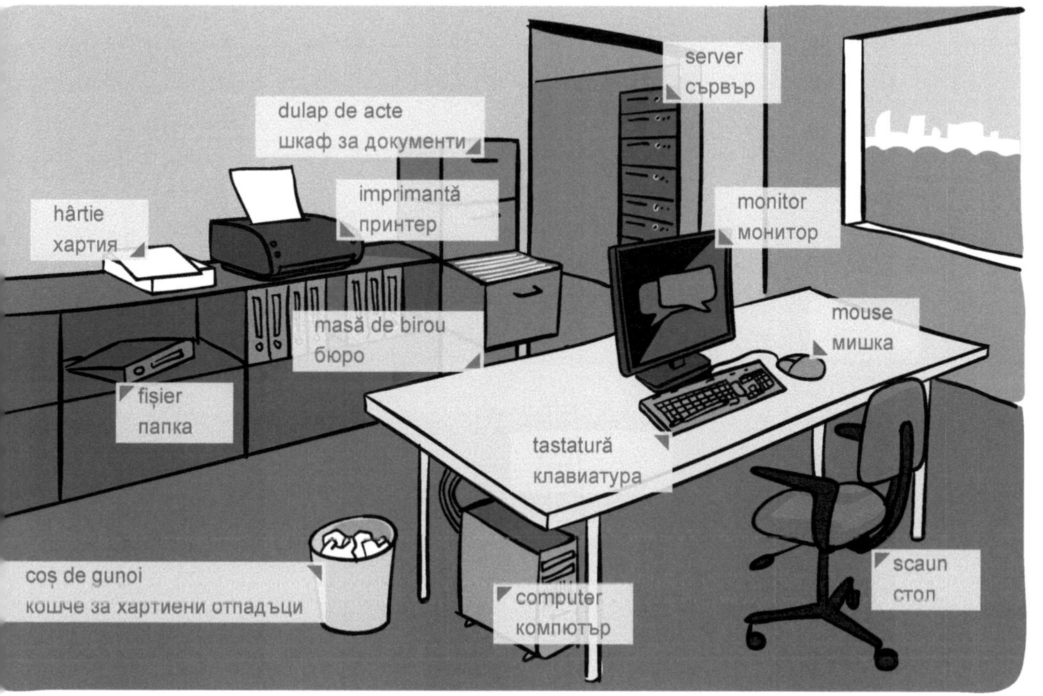

server
сървър
dulap de acte
шкаф за документи
hârtie
хартия
imprimantă
принтер
monitor
монитор
mouse
мишка
masă de birou
бюро
fișier
папка
tastatură
клавиатура
coș de gunoi
кошче за хартиени отпадъци
computer
компютър
scaun
стол

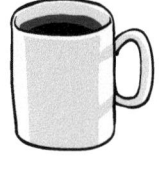

ceașcă de cafea
....
чаша за кафе

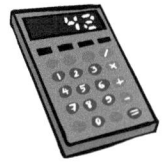

calculator
....
джобен калкулатор

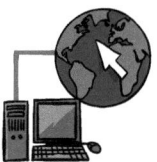

internet
....
интернет

laptop

лаптоп

scrisoare

писмо

mesaj

съобщение

telefon mobil

мобилен телефон

reţea

мрежа

copiator

ксерокс

software

софтуер

telefon

телефон

priză

контакт

fax

факс

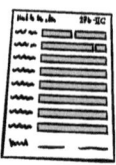

formular

формуляр

document

документ

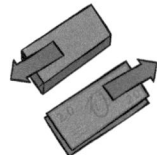

a cumpăra

купувам

a plăti

плащам

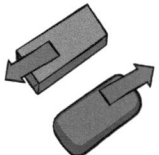

a face comerţ

търгувам

bani

пари

Dolar

долар

Euro

евро

Yen

йена

Rublă

рубла

Franc Elveţian

швейцарски франк

renminbi yuan

ренминби юан

Rupie

рупия

bancomat

банкомат

casă de schimb valutar

обменно бюро

aur

злато

argint

сребро

petrol

нефт

energie

енергия

preţ

цена

contract

договор

impozit

данък

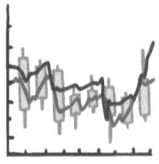

acţiune

акция

a munci

работя

angajat

служител

angajator

работодател

fabrică

фабрика

magazin

магазин за цветя

ocupații
професии

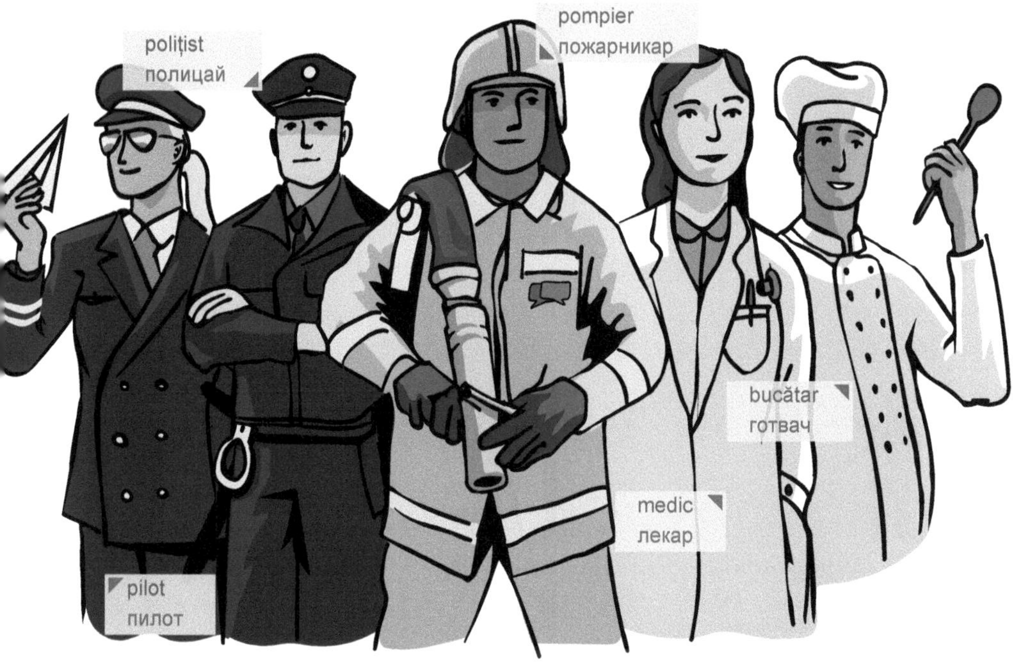
pompier
пожарникар
polițist
полицай
bucătar
готвач
medic
лекар
pilot
пилот

grădinar

градинар

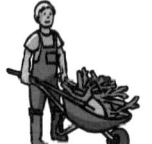

tâmplar

мебелист

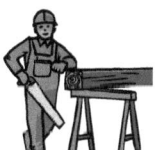

cusătoreasă

шивачка

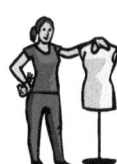

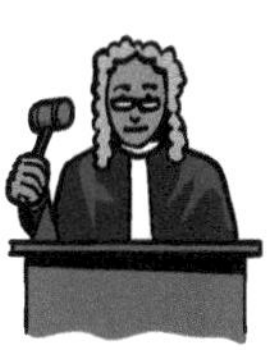

judecător

съдия

chimist

химик

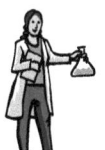

actor

артист

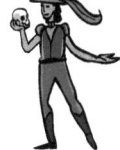

șofer de autobuz

шофьор на автобус

șofer de taxi

шофьор на такси

pescar

рибар

femeie de serviciu

чистачка

tinichigiu

майстор на покриви

chelnăr

келнер

vânător

ловец

pictor

художник

brutar

хлебар

electrician

електротехник

muncitor în construcții

строителен работник

inginer

инженер

măcelar

касапин

instalator

тенекеджия

poștaș

пощальон

soldat

войник

arhitect

архитект

casier

касиер

florar

цветар

frizer

фризьор

controlor

кондуктор

mecanic

механик

căpitan

капитан

stomatolog

зъболекар

om de știință

научен работник

rabin

равин

imam

имàм

călugăr

монах

preot

свещеник

instrumente

инструменти

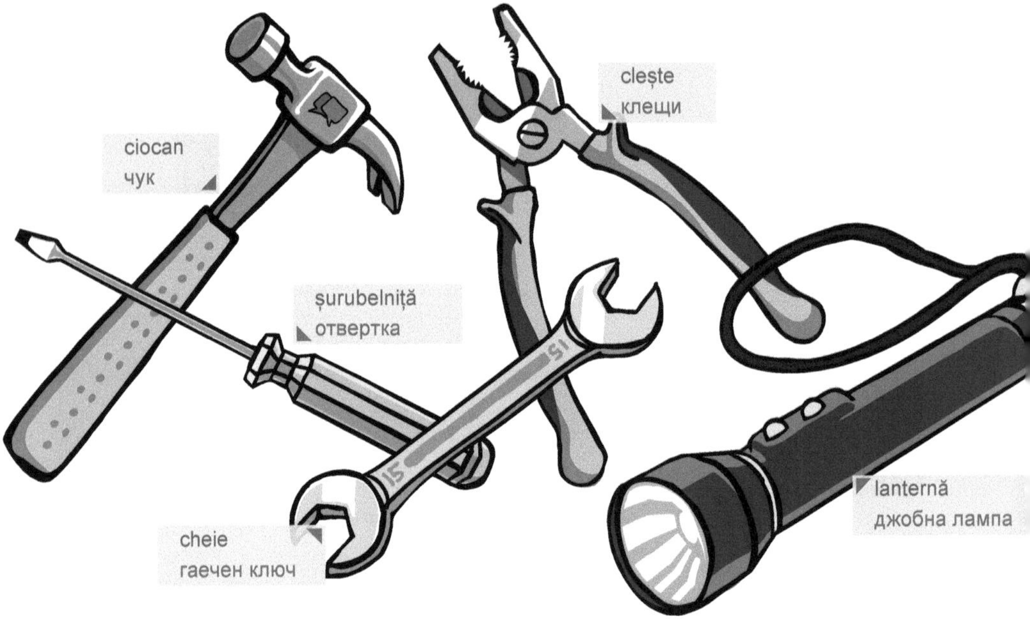

ciocan
чук
clește
клещи
șurubelniță
отвертка
cheie
гаечен ключ
lanternă
джобна лампа

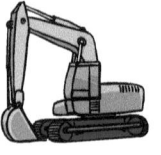

excavator

багер

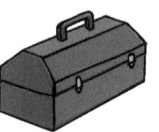

cutie de scule

кутия за инструменти

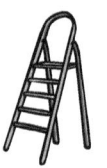

scară

стълба

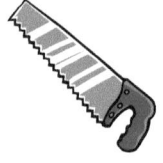

ferăstrău

трион

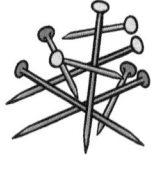

cuie

пирони

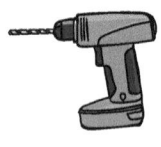

burghiu

бормашина

a repara
....
ремонтирам

lopată
....
лопата

La naiba!
....
По дяволите!

făraş
....
лопатка за смет

vas pentru vopsea
....
кутия за боя

şuruburi
....
болтове

instrumente muzicale
музикални инструменти

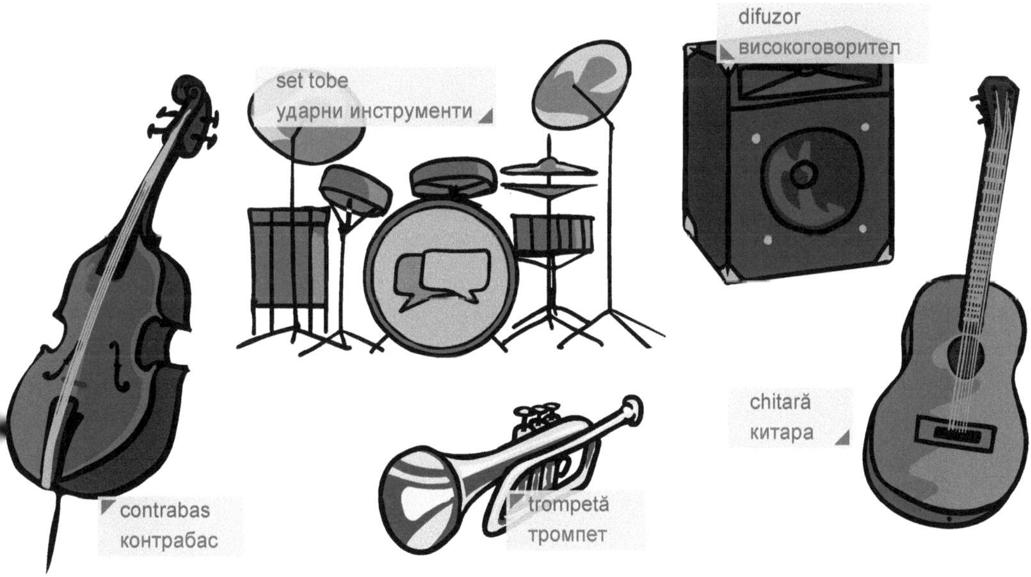

set tobe
ударни инструменти ◢

difuzor
високоговорител ◢

contrabas
контрабас

trompetă
тромпет

chitară
китара ◢

pian

пиано

vioară

виолина

bas

контрабас

trombon

тимпан

tobă

барабан

keyboard

електрическо пиано

saxofon

саксофон

fluier

флейта

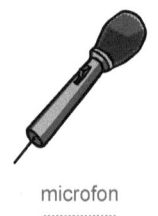

microfon

микрофон

grădină zoologică

зоологическа градина

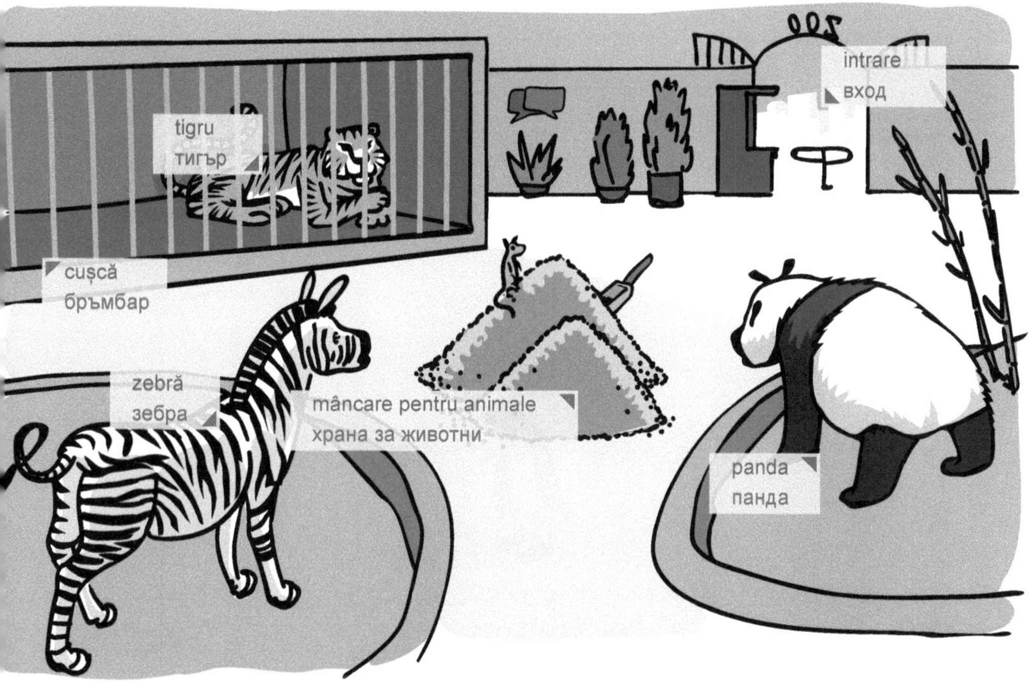

intrare
вход
tigru
тигър
cuşcă
бръмбар
zebră
зебра
mâncare pentru animale
храна за животни
panda
панда

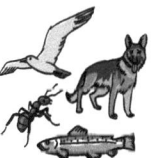

animale

животни

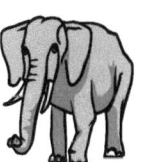

elefant

слон

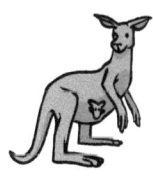

cangur

кенгуру

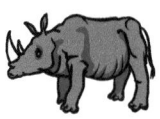

rinocer

носорог

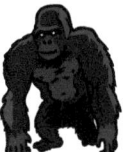

gorilă

горила

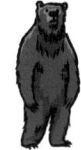

urs

мечка

cămilă

камила

struț

щраус

leu

лъв

maimuță

маймуна

flamingo

фламинго

papagal

папагал

urs polar

бяла мечка

pinguin

пингвин

rechin

акула

păun

паун

șarpe

змия

crocodil

крокодил

îngrijitor grădina zoologică

пазач в зоологическа
градина

focă

тюлен

jaguar

ягуар

ponei

пони

leopard

леопард

hipopotam

хипопотам

girafă

жираф

acvilă

орел

porc mistreț

диво прасе

pește

риба

broască țestoasă

костенурка

morsă

морж

vulpe

лисица

gazelă

газела

fotbal american
американски футбол

ciclism
колоездене

tenis
тенис

basketball
баскетбол

înot
плуване

box
бокс

hockey pe gheață
хокей на лед

fotbal
футбол

badminton
бадминтон

atletism
лека атлетика

handbal
хандбал

schi
ски бягане

polo
поло

activități
дейности

a sări
скачам
a îmbrățișa
прегръщам
a râde
смея се
a merge
вървя
a cânta
пея
a visa
сънувам
a se ruga
моля се
a săruta
целувам

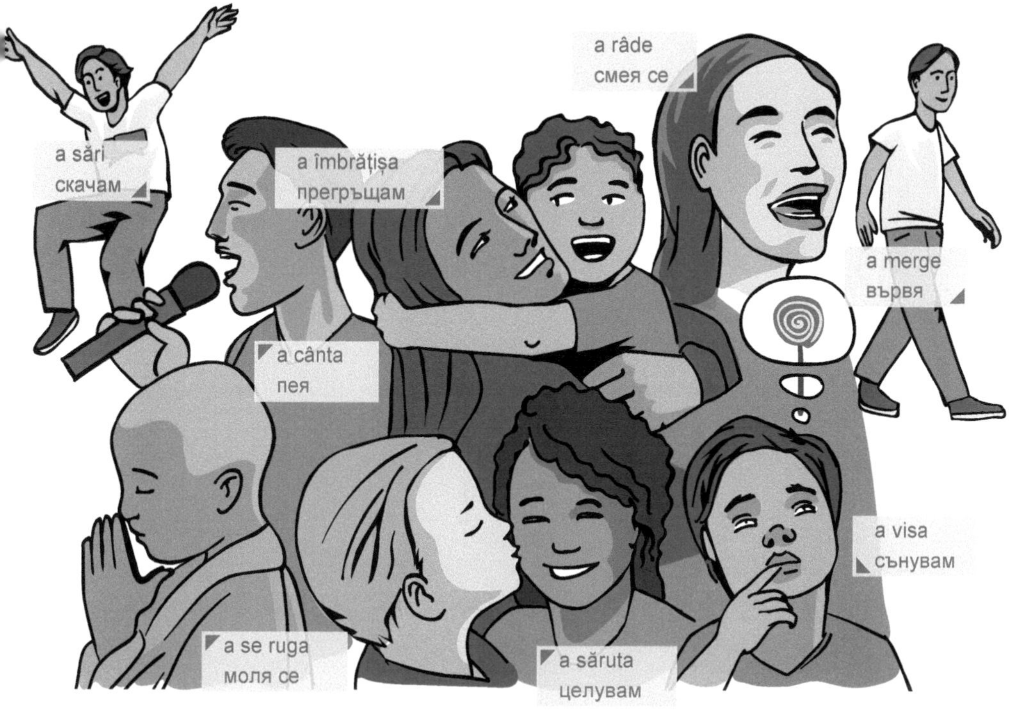

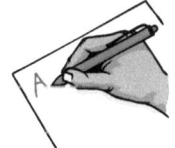

a scrie
пиша

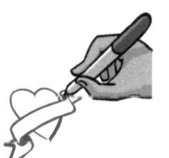

a desena
рисувам

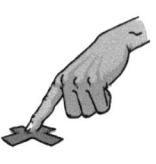

a arăta
показвам

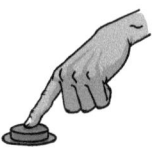

a împinge
бутам

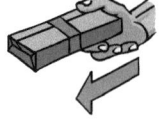

a da
давам

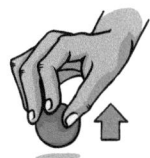

a lua
взимам

a avea

имам

a face

правя

a fi

съм

a sta în picioare

стоя

a fugi

тичам

a trage

дърпам

a arunca

хвърлям

a cădea

падам

a sta întins

лежа

a aştepta

чакам

a purta

нося

a şedea

седя

a se îmbrăca

обличам

a dormi

спя

a se trezi

събуждам се

a privi

разглеждам

a plânge

плача

a mângâia

милвам

a se pieptăna

реша се

a vorbi

говоря

a înțelege

разбирам

a întreba

питам

a asculta

слушам

a bea

пия

a mânca

ям

a face ordine

разтребвам

a iubi

обичам

a găti

готвя

a conduce

карам автомобил

a zbura

летя

a naviga

плавам (с платна)

a calcula

смятане

a citi

чета

a învăţa

уча

a munci

работя

a se căsători

женя се

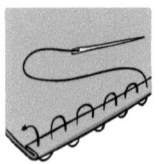

a coase

шия

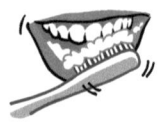

a se spăla pe dinţi

измивам си зъбите

a ucide

убивам

a fuma

пуша

a trimite

изпращам

familie
семейство

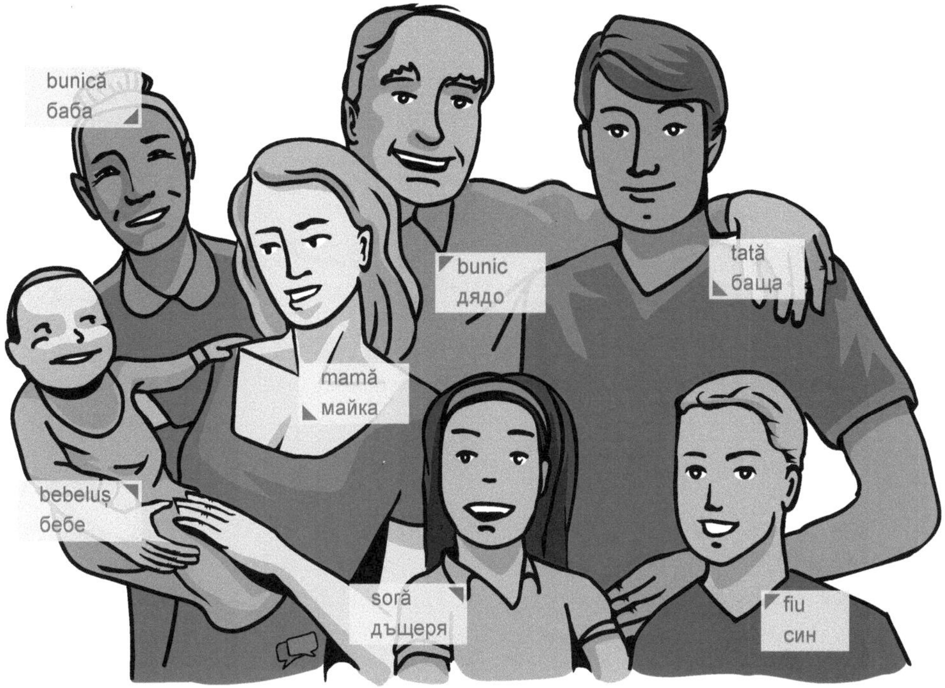
bunică
баба
bunic
дядо
tată
баща
mamă
майка
bebeluș
бебе
soră
дъщеря
fiu
син

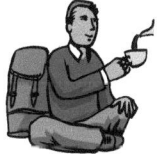

oaspete

посетител

mătușă

леля

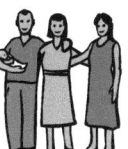

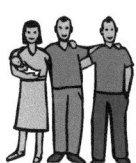

unchi

чичо

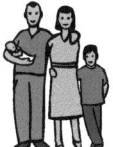

frate

брат

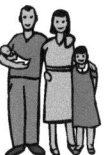

soră

сестра

corp

тяло

frunte
чело
ochi
око
umăr
рамо
deget
пръст
față
лице
bărbie
брадичка
mână
ръка
picior
крак
piept
гърди
braț
ръка

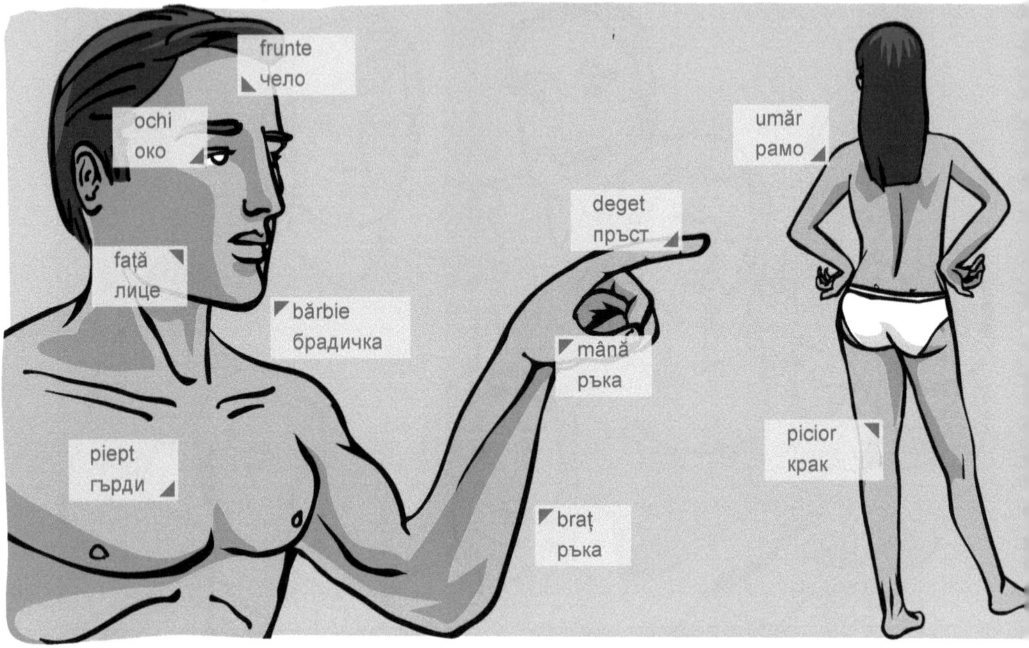

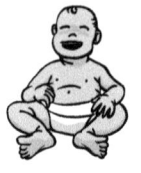

bebeluș

бебе

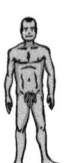

bărbat

мъж

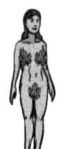

femeie

жена

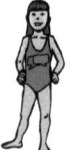

fată

момиче

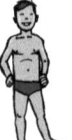

băiat

момче

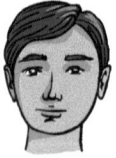

cap

глава

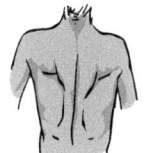

spate

гръб

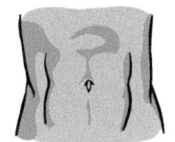

abdomen

корем

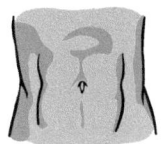

ombilic

пъп

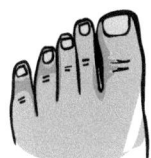

deget de la picior

пръст на крака

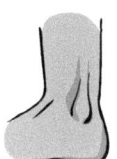

călcâi

пета

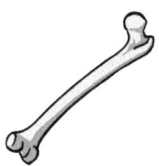

os

кост

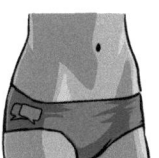

şold

хълбок

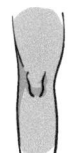

genunchi

коляно

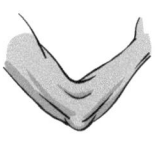

cot

лакът

nas

нос

fund

седалище

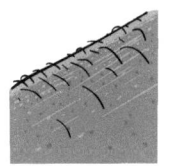

piele

кожа

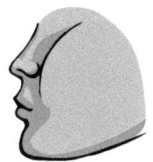

obraz

буза

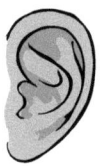

ureche

ухо

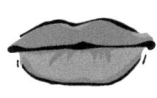

buză

устна

gură

уста

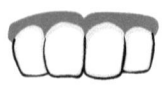

dinte

зъб

limbă

език

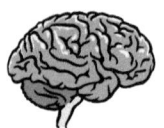

creier

мозък

inimă

сърце

mușchi

мускул

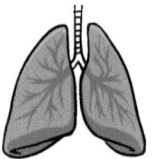

plămân

бял дроб

ficat

черен дроб

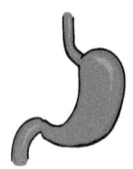

stomac

стомах

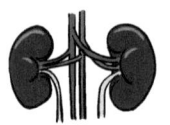

rinichi

бъбреци

sex

полово сношение

prezervativ

кондом

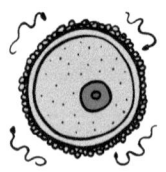

ovul

яйцеклетка

spermă

сперма

sarcină

бременност

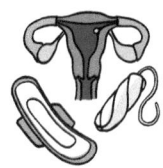

menstruaţie

менструация

vagin

вагина

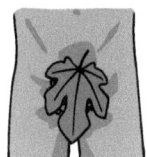

penis

пенис

sprânceană

вежда

păr

коса

gât

шия

spital
болница

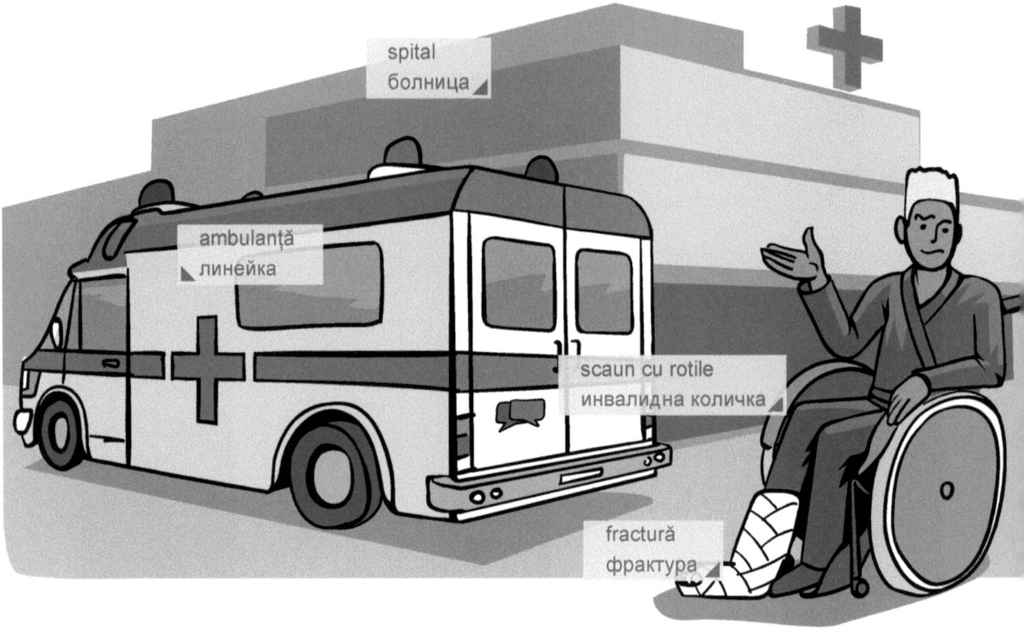

spital
болница
ambulanță
линейка
scaun cu rotile
инвалидна количка
fractură
фрактура

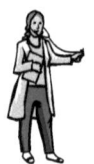

medic

лекар

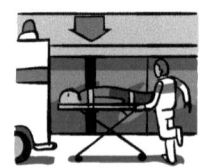

unitate de primiri urgențe

спешна хоспитализация

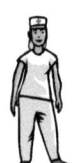

soră medicală

медицинска сестра

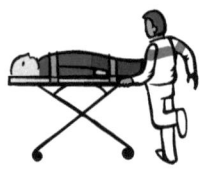

urgență

спешен случай

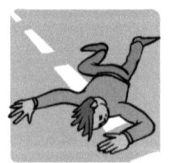

inconștient

в безсъзнание

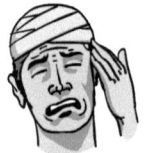

durere

болка

leziune

нараняване

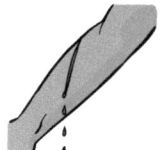

sângerare

кървене

infarct miocardic

инфаркт

atac cerebral

инсулт

alergie

алергия

tuse

кашлица

febră

температура

gripă

грип

diaree

диария

durere de cap

главоболие

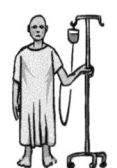

cancer

рак

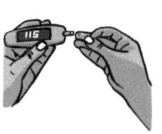

diabet

диабет

chirurg

хирург

scalpel

скалпел

operaţie

операция

CT

компютърна томография

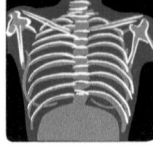

raze Röntgen

рентген

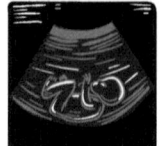

ultrasunet

ултразвук

mască

маска

boală

болест

sală de așteptare

чакалня

cârjă

патерица

plasture

пластир

bandaj

превръзка

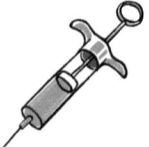

injecție

инжекция

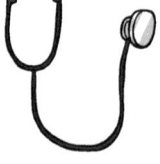

stetoscop

стетоскоп

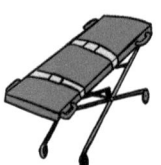

targă

носилка

termometru

термометър

naștere

раждане

supraponderabilitate

наднормено тегло

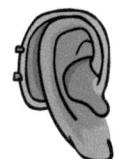

aparat auditiv

слухов апарат

dezinfectant

дезинфекционно средство

infecție

инфекция

virus

вирус

HIV/SIDA

HIV / AIDS

medicină

медицина

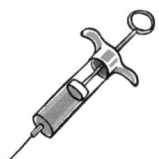

vaccin

ваксинация

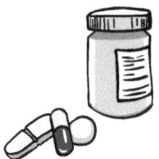

tablete

таблети

pastilă

противозачатъчна
таблетка

apel de urgență

спешно телефонно
обаждане

aparat de măsurare a
presiunii arteriale

апарат за измерване на
кръвното налягане

bolnav/sănătos

болен / здрав

Ajutor!

Помощ!

alarmă

сигнал за тревога

agresiune

нападение

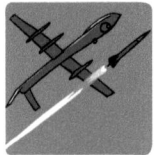

atac

атака

pericol

опасност

ieşire de urgenţă

аварийен изход

Foc!

Пожар!

extinctor

пожарогасител

accident

злополука

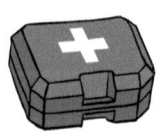

trusă de prim-ajutor

комплект за оказване на
първа помощ

SOS

SOS

poliţie

полиция

Europa

Европа

America de Nord

Северна Америка

America de Sud

Южна Америка

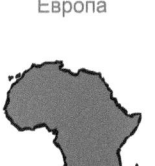

Africa

Африка

Asia

Азия

Australia

Австралия

Altantic

Атлантически океан

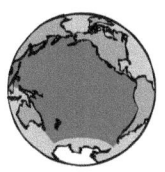

Pacific

Тихи океан

Oceanul Indian

Индийски океан

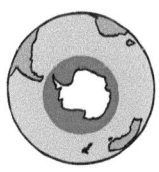

Oceanul Antarctic

Южен ледовит океан

Oceanul Arctic

Северен ледовит океан

Polul Nord

Северен полюс

Polul Sud

Южен полюс

Antarctica

Антарктида

pământ

Земя

ţară

суша

mare

море

insulă

остров

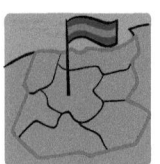

naţiune

нация

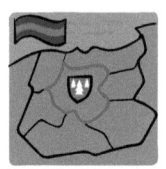

stat

държава

pământ - Земя

cadran

циферблат

orar

стрелка на часовете

minutar

стрелка на минутите

secundar

стрелка на секундите

Cât e ceasul?

Колко е часът?

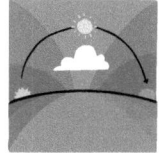

zi

ден

timp

време

acum

сега

cead digital

дигитален часовник

minut

минута

oră

час

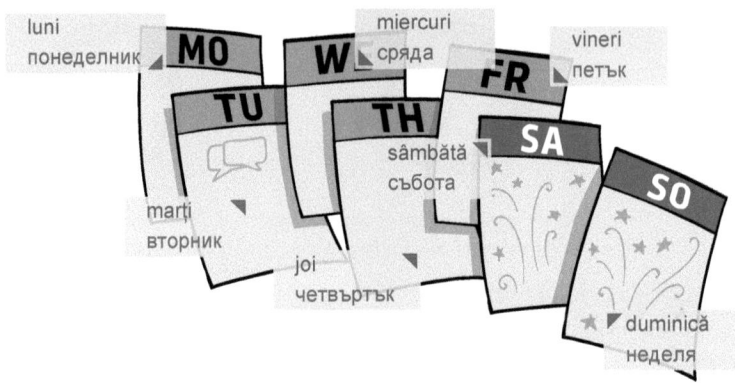

luni
понеделник

miercuri
сряда

vineri
петък

MO

W

FR

TU

TH

SA

SO

marți
вторник

sâmbătă
събота

joi
четвъртък

duminică
неделя

ieri

вчера

azi

днес

mâine

утре

dimineață

сутрин

amiază

обед

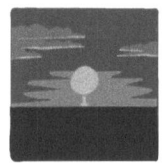

seară

вечер

MO	TU	WE	TH	FR	SA	SU
1	2	3	4	5	6	7
8	9	10	11	12	13	14
15	16	17	18	19	20	21
22	23	24	25	26	27	28
29	30	31	1	2	3	4

zile lucrătoare

работни дни

MO	TU	WE	TH	FR	SA	SU
1	2	3	4	5	6	7
8	9	10	11	12	13	14
15	16	17	18	19	20	21
22	23	24	25	26	27	28
29	30	31	1	2	3	4

week-end

уикенд

an
година

ploaie
дъжд
curcubeu
дъга
vânt
вятър
zăpadă
сняг
primăvară
пролет
vară
лято
toamnă
есен
iarnă
зима

4.APRIL 11°
5.APRIL 4°
6.APRIL 13°
7.APRIL 8°
8.APRIL 10°

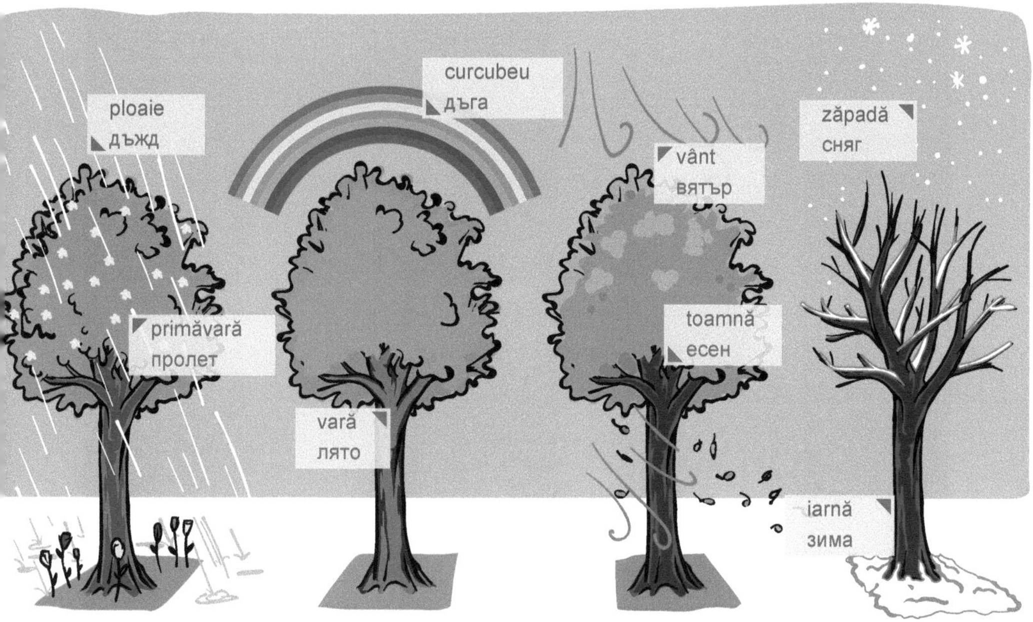

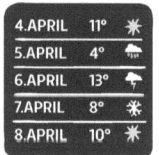

prognoză meteo

прогноза за времето

F C
120 40
90 30
60 20
30 10
0 0
-30 -10
-20

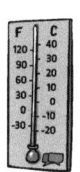

termometru

термометър

lumina soarelui

слънчева светлина

nor

облак

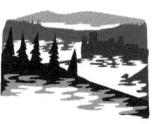

ceață

мъгла

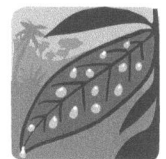

umiditate a aerului

влажност на въздуха

fulger

светкавица

tunet

гръмотевица

furtună

буря

grindină

градушка

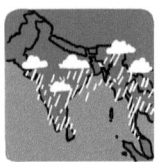

muson

мусон

inundaţie

наводнение

gheaţă

лед

ianuarie

януари

februarie

февруари

martie

март

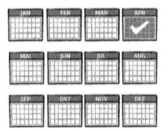

aprilie

април

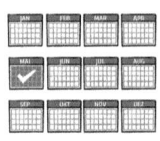

mai

май

iunie

юни

iulie

юли

august

август

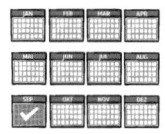

septembrie
....
септември

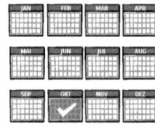

octombrie
....
октомври

noiembrie
....
ноември

decembrie
....
декември

forme
форми

cerc
....
кръг

pătrat
....
квадрат

dreptunghi
....
четириъгълник

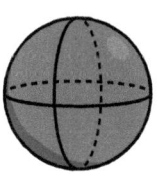

triunghi
....
триъгълник

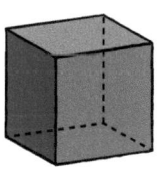

sferă
....
сфера

cub
....
куб

alb

бял

galben

жълт

portocaliu

оранжев

roz

розов

roșu

червен

violet

лилав

albastru

син

verde

зелен

maro

кафяв

gri

сив

negru

черен

mult/puţin

много / малко

furios/calm

ядосан / спокоен

frumos/urât

красив / грозен

început/sfârşit

начало / край

mare/mic

голям / малък

luminos/întunecat

светъл / тъмен

frate/soră

брат / сестра

curat/murdar

чист / мръсен

complet/incomplet

пълен / непълен

zi/noapte

ден / нощ

mort/viu

мъртъв / жив

lat/strâmt

широк / тесен

comestibil/necomestibil

ядлив / неядлив

rău/prietenos

сърдит / любезен

emoționat/plictisit

развълнуван / скучаещ

gras/slab

дебел / тънък

primul/ultimul

най-напред / най-накрая

prieten/inamic

приятел / враг

plin/gol

пълен / празен

tare/moale

твърд / мек

greu/ușor

тежък / лек

foame/sete

глад / жажда

bolnav/sănătos

болен / здрав

ilegal/legal

нелегален / легален

inteligent/stupid

интелигентен / глупав

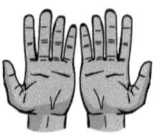

stânga/dreapta

ляво / дясно

aproape/departe

близо / далече

nou/uzat

нов / употребяван

nimic/ceva

нищо / нещо

bătrân/tânăr

стар / млад

pornit/oprit

вкл. / изкл.

deschis/închis

отворен / затворен

încet/tare

тих / силен (звук)

bogat/sărac

богат / беден

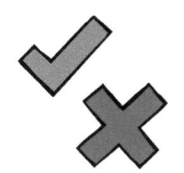

corect/fals

правилен / погрешен

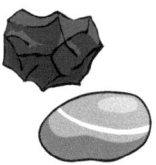

aspru/neted

грапав / гладък

trist/fericit

тъжен / щастлив

lung/scurt

дълъг / къс

încet/repede

бавен / бърз

ud/uscat

мокър / сух

cald/rece

топъл / студен

război/pace

война / мир

0

zero

нула

1

unu

едно

2

doi

две

3

trei

три

4

patru

четири

5

cinci

пет

6

șase

шест

7

șapte

седем

8

opt

осем

9

nouă

девет

10

zece

десет

11

unsprezece

единадесет

12
douăsprezece

дванадесет

13
treisprezece

тринадесет

14
paisprezece

четиринадесет

15
cincisprezece

петнадесет

16
șaisprezece

шестнадесет

17
șaptesprezece

седемнадесет

18
optsprezece

осемнадесет

19
nouăsprezece

деветнадесет

20
douăzeci

двадесет

100
o sută

сто

1.000
o mie

хиляда

1.000.000
un milion

милион

engleză

английски

engleză americană

американски английски

chineza mandarină

китайски мандарин

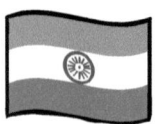

hindi

хинди

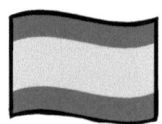

spaniolă

испански

franceză

френски

arabă

арабски

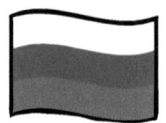

rusă

руски

protugheză

португалски

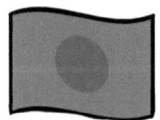

bengaleză

бенгалски

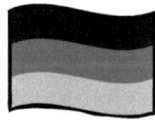

germană

немски

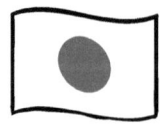

japoneză

японски

eu

аз

tu

ти

el/ea

той / тя / то

noi

ние

voi

вие

ea

те

cine?

кой?

ce?

какво?

cum?

как?

unde?

къде?

când?

кога?

nume

име

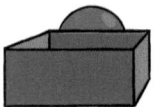

în spate

зад

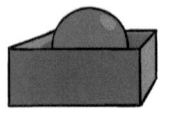

în

в

înainte

пред

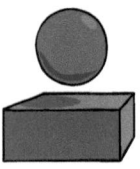

peste

над

pe

върху

sub

под

lângă

до

între

между

loc

място